001

002

003 (all)

1

004

005

006 (all)

007

008

009 (all)

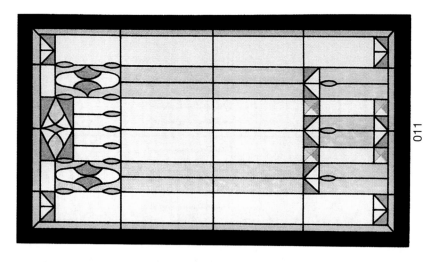

011

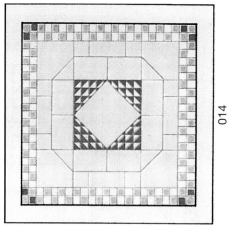

014

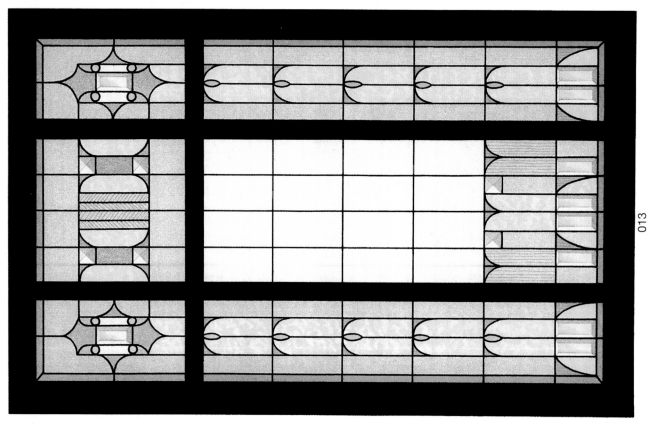

013

010

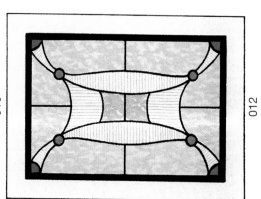

012

4

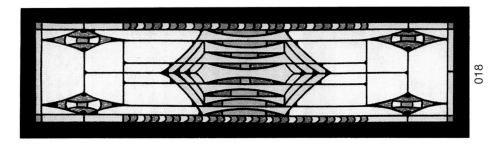

018

022

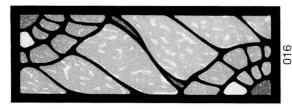

016

017

021

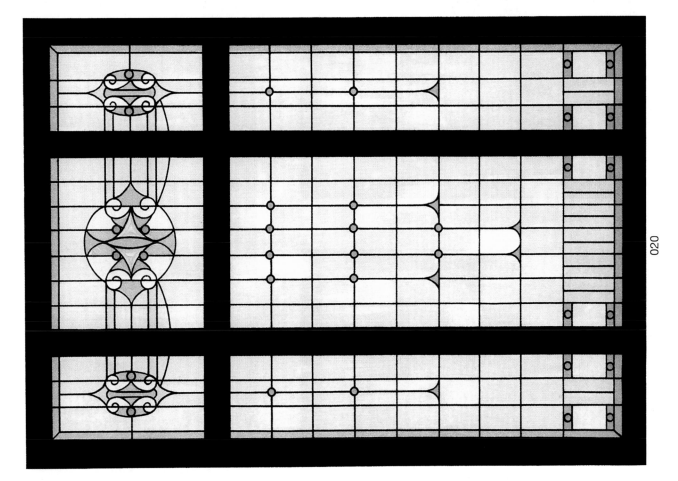

020

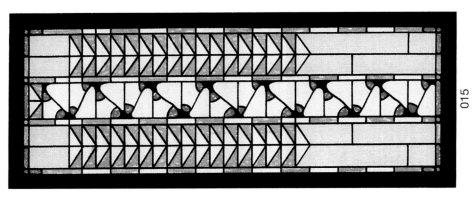

015

019

023

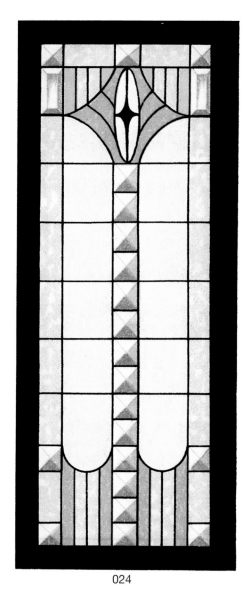

024

025

026

027

028

029

030

032

031

033

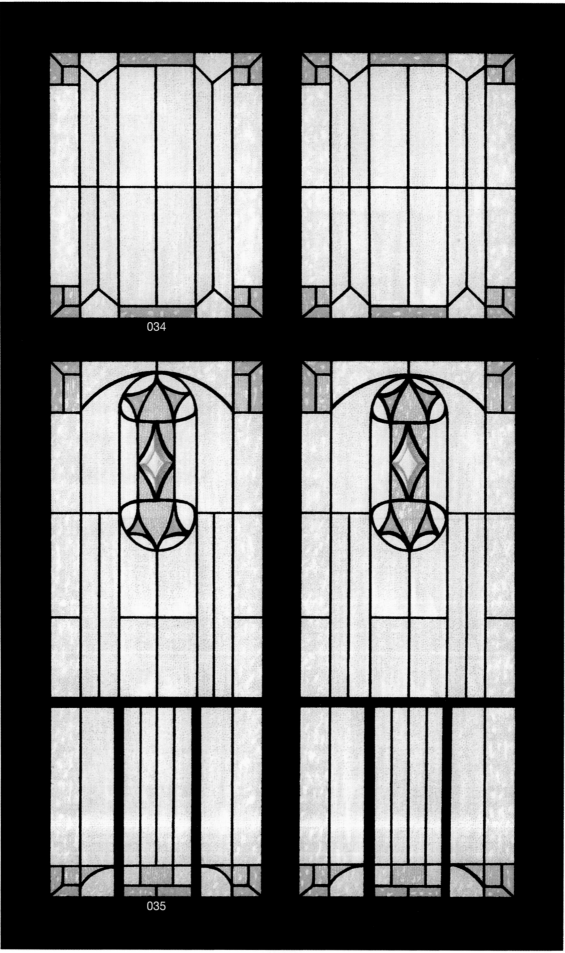

034

035

8

036 (all)

037

038

039

040

041

042

043 (all)

9

050

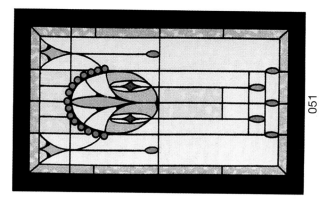

051

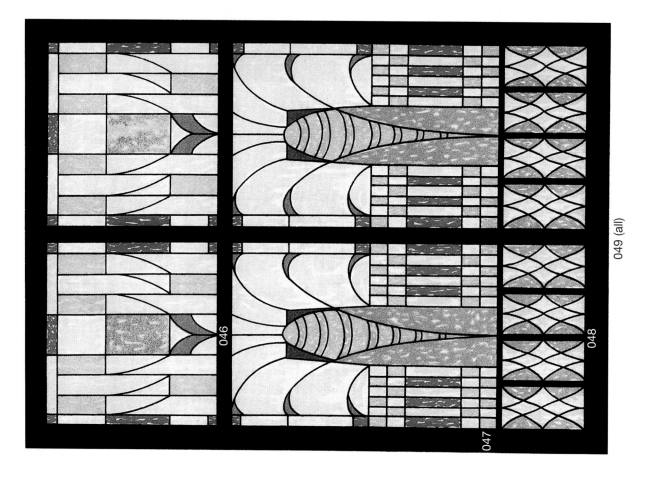

046

047

048

049 (all)

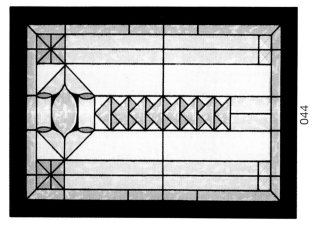

044

045

10

053

055

057

052

054

056

11

058

059

060

061

12

062

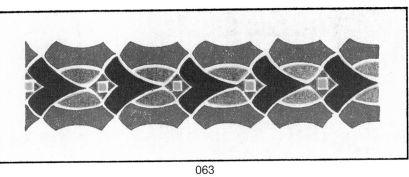

063

064

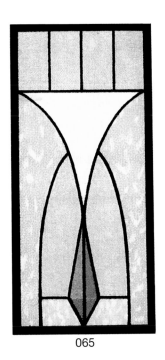

065

066

13

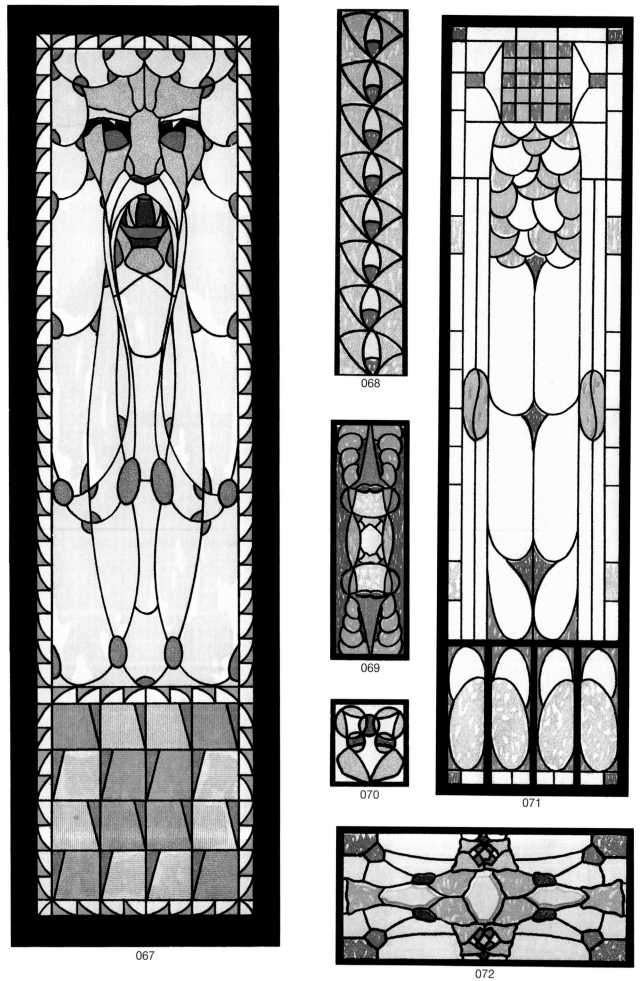

14 067

068

069

070

071

072

073

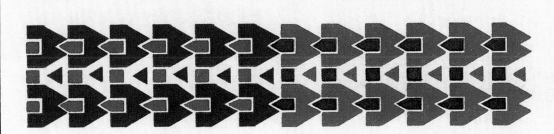

074

075

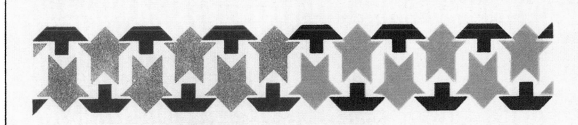

076

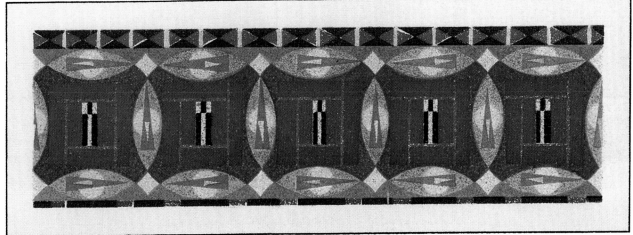

077

15

078

079

080 (all)

081

082

083 (all)

084

085

086 (all)

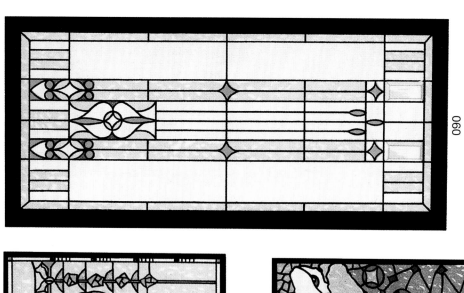

090

094

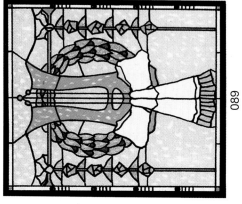

089

093

088

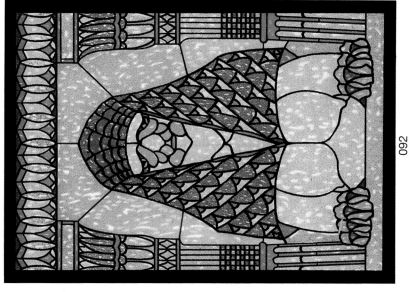

092

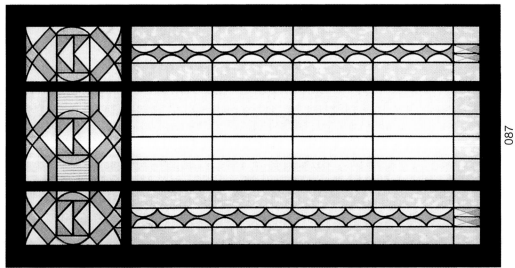

087

091

18

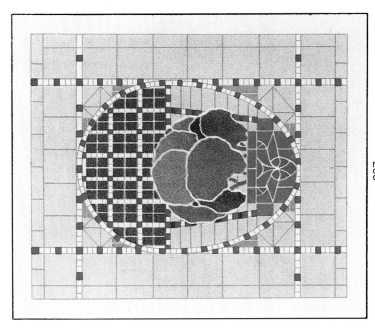

097

101

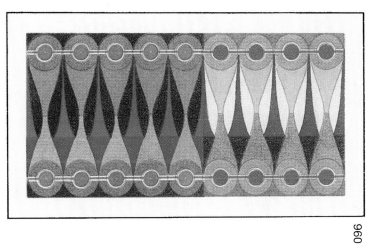

096

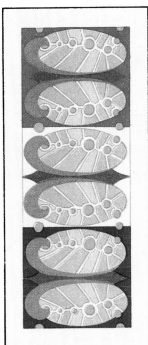

098

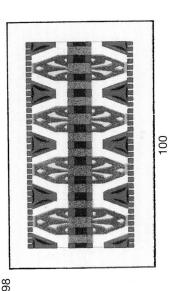

100

095

099

103

102

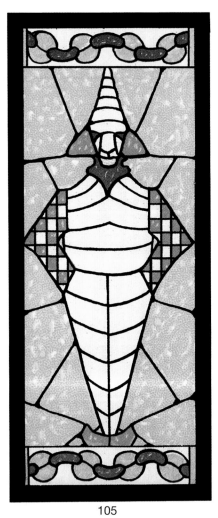

105

104

106

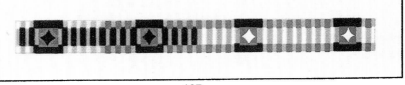

107

108

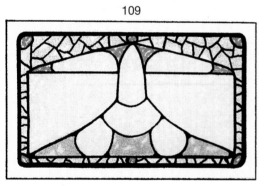

109

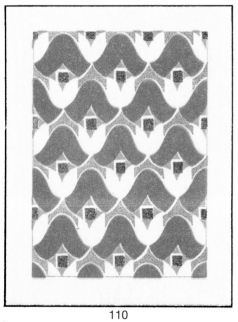

110

111

22

112

113

114 (all)

115

116

117

118

24

119

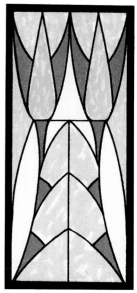

120

121

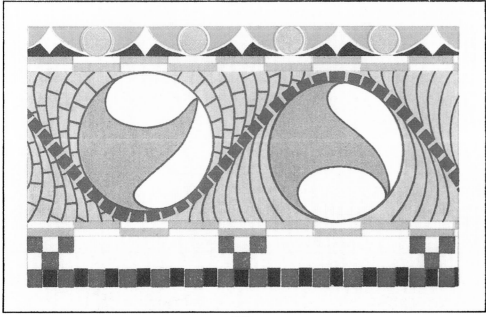

122

123

124

125

126

127 (all)

128

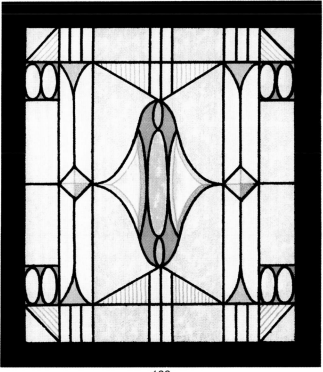

129

130

131

132 (all)

27

133

134

135

136

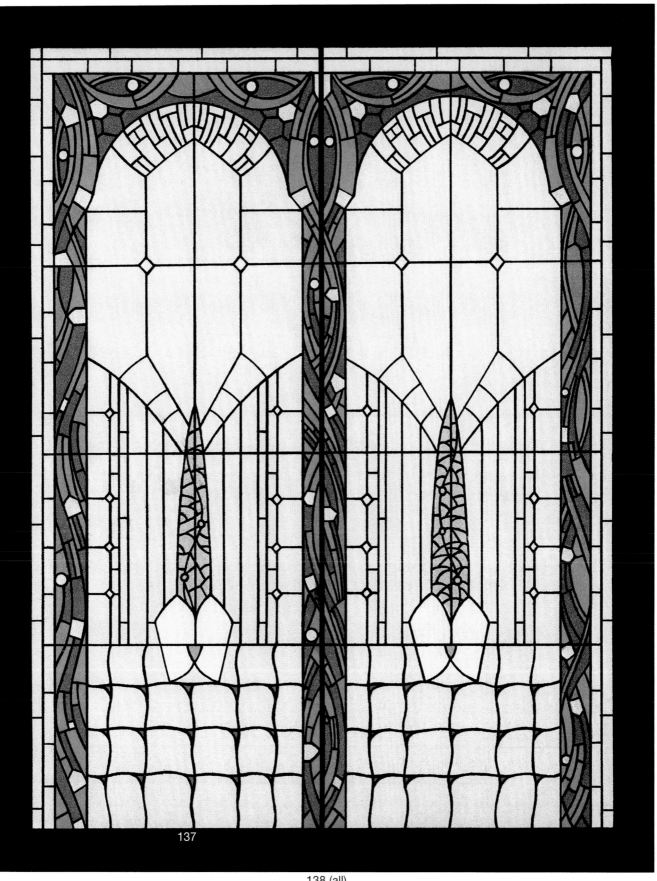

137

138 (all)

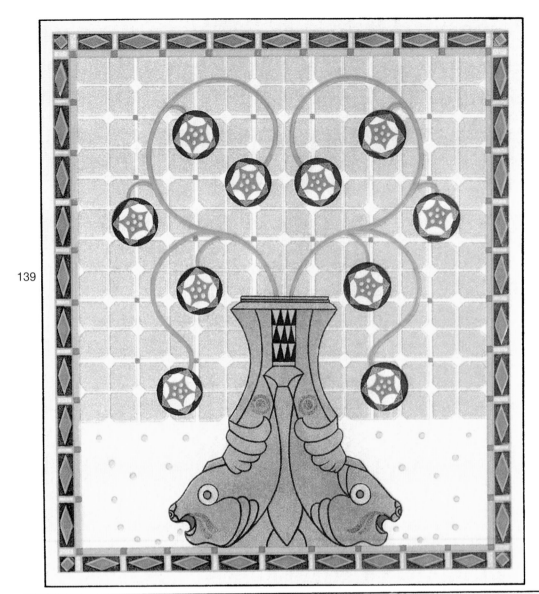

139

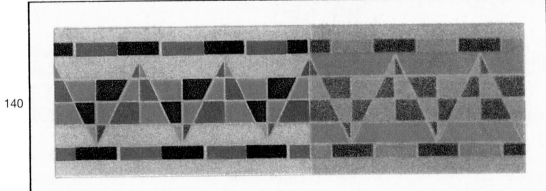

140

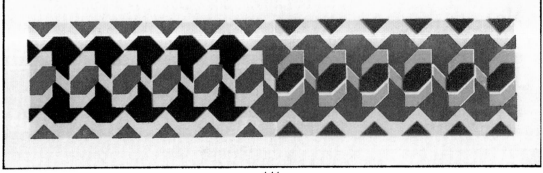

141

142

143

144

145 (all)

146–148

149–154

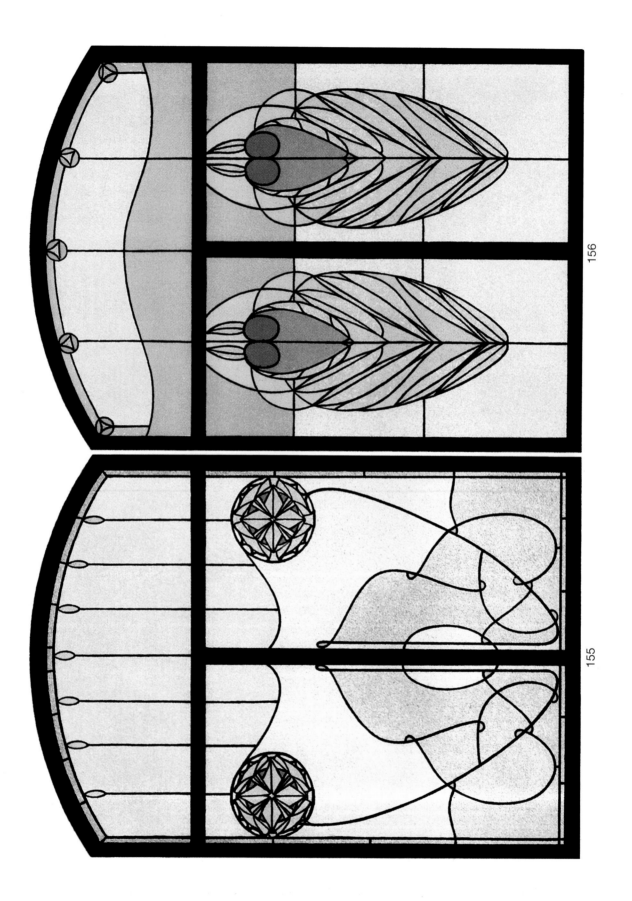

156

155

157

158

159

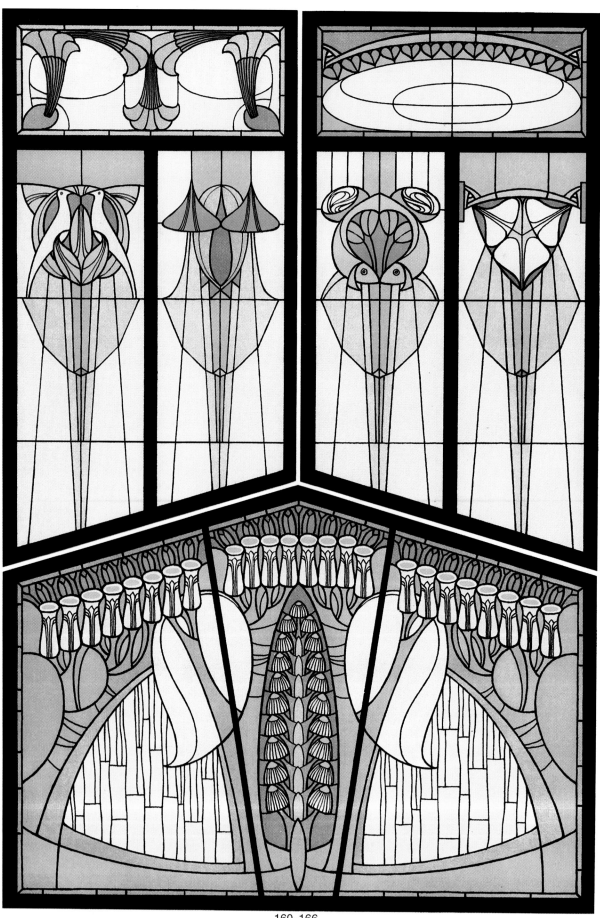

160–166

167

168

169   170   171

172   173   174   175

176 (all)

177

178

179

180

181

182

183–190

191–195

196–204

205–208

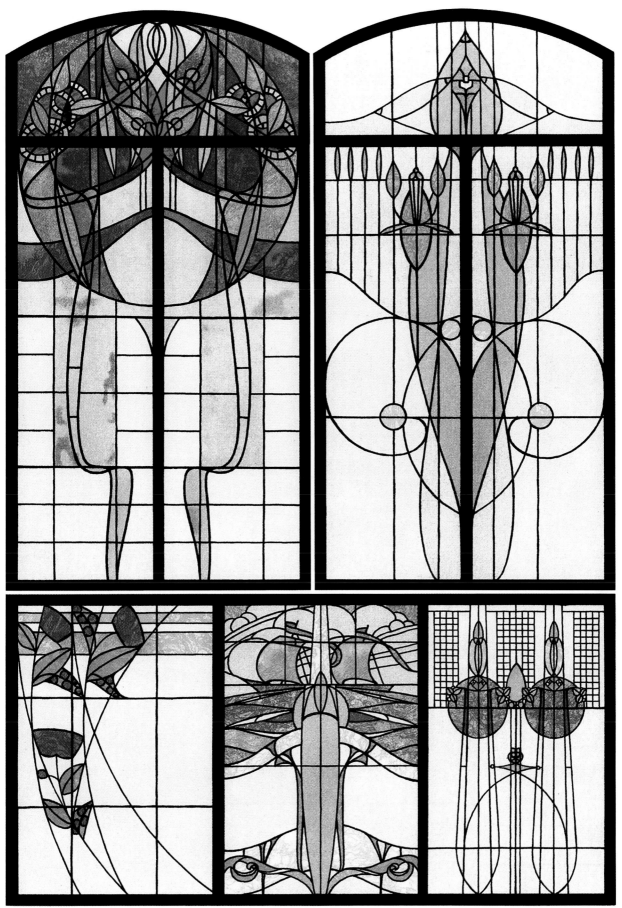

209–213

43

214–221

222–234

235–242

243–252

253–264